CARTAS
Y
POESIAS
A MIS VIEJOS

GLORIA I GONZALEZ AGOSTO

CRÉDITOS

Autora:
    Gloria Ivette González Agosto
Corrección y edición:
    Milagros Santiago Hernández Ph.D.
Portada:
    Rebecacovers by Fiverr
Diagramación:
    Gloria I. González Agosto

Fotos y montaje de imágenes:
    Gloria I.González Agosto
    Free images on PicsArt

ISBN: 9798720218324

 R **Por, Gloria I. González Agosto 2021.**

Dedicatoria

A Dios y a los viejos de mi vida: mis padres, (Gloria y Güin), abuelos, tíos y hermanos en la fe; a Teófilo (Aarón) y Rosinín, quienes también han sido padres en mi camino. Ustedes me han enseñado con su ejemplo, consejos y amor a ser quien soy. Me han enseñado el valor de la vida y de la familia. Porque me enseñaron que todo crece con amor y lo que no se logra con este amor, no se logra con nada. Su herencia no solamente está en mi sangre, sino también en mi alma, en mi esencia. Hoy quiero honrar el espíritu y la pasión que están más allá del cuerpo, de las canas y de los surcos en la piel. Honrar con cada palabra el legado atemporal de sus vidas.

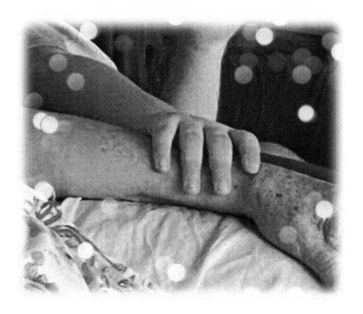

Primera carta

Abuelita:

Abuelita, hoy me dejaron visitarte. ¡Quería contarte tantas cosas!, pero estabas dormidita. Así que las escribí en un papel para que cuando despiertes las leas. Ayer fui con Paquito al parque y vimos morivivíes. Recuerdo que me contaste cómo de niña jugabas con ellos y nos pusimos a tocarlos para que cerraran y abrieran sus hojitas. Vimos un cerdito en el vecindario y unas nenas le pusieron pulseras y un sombrero. Me acordé de cuando me contabas el cuento de "La puerca de Juan Bobo" y me reí a carcajadas. ¿Sabes, abuelita? Me hace falta ver tu risa sin dientes, esa que se ve tan tierna como la de un bebé. Recuerdo y extraño cómo me cantabas mientras aplaudías y yo brincaba por toda la sala.

Echo de menos tus cuentos, oír cómo eran tus tiempos y tus abrazos tan cálidos como mantita de dormir. Abuelita, te veré la próxima vez. Espero que estés despierta y puedas jugar conmigo. ¡Te amo!

Sapiencia

Enante sí se sabía
la sapiencia de la tierra.
Cosechar café y malanga caña,
yuca y yautía.
Agora, en ejtoj diaj
al jíbaro han desplaza'o
disque por tecnología
¡Sea Dios alaba'o!

¡Mira que si los súpelmalket,
los que venden al pol mayol!
Enante en el mercado del pueblo
comíamos mejor.
Y es que en ejtoj mijmitoj días
a tó le jechan pesticida
y hay tanto nene malnutrí'o
comiendo tanta polquería.
¡Qué le jespera a este mundo
disque con tecnología!
Los ricos se jacen más ricos
y los pobres en agonía.

Yo que miro la cajita
que le llaman televisión
y veo tanta jambre
del mundo en otro rincón,

pues los pobres más pobres se jacen
y nos siguen engañando,
y el rico, rico se vuelve
y al pobre le siguen sacando.

Con tanta riqueza
que la madre Tierra brinda
¡Lo que falta es jeducarse
pa` que to`s tengan comí`a!
Sabrían labral la tierra
como mi abuelo me enseñó,
pero lo que le llaman progreso
estanca'o nos dejó.
Sí, mucha calle, mucho carro
y más contaminación.
Con un tren cortito
y enante se viajaba en uno mayol.

El progreso ha sido bueno
en algunas cosas, señores,
pero nos ja quita'o el alma,
la mente y los corazones.

Agora casi nadie disfruta
de la música sana.
Pa' muchos jóvenes es diveltido
el sexo y las malas palabras.
No cultivan el amor al prójimo,
ni respetan a sus mayores.
Agora hay videos virales
cuando pelean los menores.
¡Qué tristeza pa' esta jíbara
que aunque pobre nació

con humildad la criaron
y educaron con amol!
Quizá no tenga mucha ejcuela
ni título de educación,
pero tengo amor por la tierra,
mi prójimo y mi Creador.

Educalse no es el problema
si no la enajenación,
pues confunden libertinaje
con ser libre, sí Señol.
Libre es no ser ignorante
ni estal en la ehclavitú
amarra`os a las cosas
a que el "progreso" te encadenó.
A la moda de los tiempos,
a la interné y la televisión,
y a lo que quieran mostrarte
pa' que te pongah un tapón.

Yo seguiré educando
en mi humilde caminal,
en lo que me resta de vida
al que quiera jescuchal.
Hay que volver a las raíces.
Hay que volver a empezal.
La ciencia y el progreso
con la tierra deben cuajal
pa` que seamos un mundo sano
donde podamos vivil en paz.

Tesoro en hilos de plata

Los hilos de plata van marcando
las horas, los días, las semanas.
Tiempo del destino infinito.
Un recoger de aventuras
entre risas y congojas;
sabiduría e ignorancia,
travesuras, osadías
humildad y arrogancia.
Del niño cuento de hadas,
del joven aventura de piratas;
Del adulto un sueño lejano
y un grato recuerdo del anciano.
Del que vuelve al comienzo
al nunca jamás perdido,
donde sólo pueden entrar
los que tienen alma de niño.
Los que vuelven a creer en hadas
y se asombran con cada dicho,
con cada historia de aventuras
como si por vez primera hubiesen oído.

Juegan con los ángeles
y los querubines que los visitan.
A ellos se les ha abierto un mundo
invisible a los ojos crecidos,

al que vive contando las horas
esclavizado del cocodrilo.
Música, prosa y poesía
envidia del viejo pirata,
su mente ha volado lejos
de la realidad está enajenada.

Y en este mundo de ensueño
visita a veces el nuestro
buscando la sombra,
reflejo de lo vivido,
para luego con su niño regresar
al mundo del nunca jamás.

Niño perdido
en estuche del tiempo labrado.
mil historias resguardadas
en un cofre de tesoros enterrados.
Y tú, pirata,
Anhelas encontrar el mapa perdido
que te lleve a la llave
de ese cofre escondido.
Recuperar ese tesoro
y devolverle la sombra el niño
que entre hilos de plata
se fue a la tierra del olvido.

Segunda carta

Mi vieja:

Perdona que hoy solo pudiera escribirte. No tuve tiempo de pasar a verte. ¡Ay, mi vieja! En el trabajo me tienen tan ajorado y con los turnos dobles y encima los nenes, ya sabes. En verdad te admiro. Criaste a cinco muchachos y ¡cómo éramos! ¡Qué candela dábamos!, pero siempre nos enseñaste a ser buenos trabajadores. Espero poder tener tiempo de pasar en la semana. Cuídate, mi vieja.

El rompecabezas del tiempo

Quien se aferra a lo material de los tiempos
acelera su propia muerte.
Quien se olvida que existe el mundo
vive como un demente.
Con cadenas ficticias
encadenado al deber,
esclavizado del trabajo sin
tener presente su ser.
Y cuando las manecillas de la vida
ya han recorrido millas
intentas recuperar
lo que en tus manos fue arena de mar.

Quien quiere detener el tiempo
el mismo tiempo acelera
y pierde de perspectiva
los segundos en su cabeza.
El que vive el tiempo en el limbo
se ilusiona pensando en el pasado
sin vivir el intenso presente
en un futuro ensimismado
donde no hay nada patente.
Y pasa y se pasa el tiempo
de aprovechar lo tangible,
lo efímero y lo vigente.

Hay que tener un balance
en esta vida y en estos tiempos,
pues los minutos se hacen horas
y las horas se hacen minutos
depende de cómo vivas
y en qué forma das calidad
a ese regalo que solamente la vida da.
Bien dijo el Sabio
en su libro al expresar
que en esta vida hay un tiempo para todo
y todo tiene su momento oportuno.
Disfruta del tiempo,
en su tiempo y con tiempo
y verás que todo fluye
en armonía con el universo.

Soldado de la vida

Los luceros de su rostro
ya no alumbran como antes.
El paso ya pesado, va errando el caminante.
Las hebras de plata
que como condecoraciones lleva,
marcan el paso de cada batalla,
marcan las huellas de cada guerra.

Sus surcos,
cada vez más marcados.
se han hecho más fuertes
mientras va caminando.
Sus armas de pelea se han ido oxidando
y su bandera ya está curtida
por el paso de los años.
El blanco invierno que mira por su ventana
se ha vuelto solitario y frío
en el campamento del olvido.

Pasan las horas, los días
y la cabaña sigue desolada y vacía.
Ni un rastro de los que significaron victorias,
de los que fueron la razón de lucha,
la razón de entregar la vida,
la razón de tomar las armas,
la razón de cantar poesía.

Sus batallas también luchan y su tiempo pasará.
Sus armas oxidadas con las lunas se pondrán.
Su bandera, también se curtirá.
Los luceros de su rostro también se opacarán.
El surco de su tierra
más profundo y marcado se hará
y sus batallas en el olvido
probablemente también quedarán.

Cuando el tiempo todavía es propicio
es momento de recordar
los que por ti han sufrido
y por ti han vencido.
El paso de la vida es demasiado corto
y sin darte cuenta perderás lo más valioso.

Antes de que se ponga su sol para siempre
y los luceros se apaguen y la marcha termine,
procura condecorar al veterano caminante
con la más grande honra.
No es con plata ni oro
que se premian sus victorias.
No es con solo la palabra
que se exaltan sus batallas.
Es en la acción y presencia
que se da el más grande regalo.
Es con amor que le brindas
las medallas a su rango.

Su más alto Superior
algún día la llamará.
Su bandera será renovada
y también se le honrará.

En una ceremonia
lejos de la vista terrenal.
Si no la honraste a su tiempo,
tarde para ti será.
Si no valoraste los momentos
ni celebraste sus victorias,
si a este fiel soldado
no agradeciste tu libertad,
tu campamento sentirá un vacío
que será difícil de llenar.

Ahora,
que el soldado está presente,
comparte y honra su vida,
que tu corazón este satisfecho
porque hiciste lo que debías.

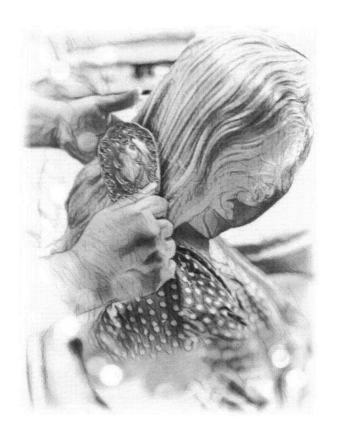

Tercera carta

Querida madre:

Hoy recuerdo cuando me peinabas mientras peino tu pelo. Agradezco que me cuidaras como ahora hago contigo. ¡Me falta tanto para poder devolverte todo el amor y el cariño recibido! Y sí, también los jalones de orejas bien merecidos. Reflexiono y pienso lo fuerte que eras y lo vulnerable que ahora te veo ¡Tan delicada, tan frágil como una rosa en mis manos! Hoy soy tus piernas y tus manos; soy tus ojos y tus labios. No me canso, mami, aunque es duro verte así. Quiero disfrutarte, quiero volver a ver ese día cuando en una sonrisa me reconociste y me dijiste otra vez, te amo.

Ámame

Mírame como era,
no te lastimes.
Ámame libre, sin ataduras.
No menosprecies mi presente.
Sé que duelen las luchas,
sé que a veces nos hartan.
Sé que es frustrante verme así.

Respira y contémplame
en la hermosura de tu alma.
Siempre con una sonrisa
a aquellos que te aman.
Esa es tu belleza,
tu arma más eficiente,
que ante toda adversidad,
has sido mujer valiente.

Abrázame en la tristeza
como has hecho en la alegría.
Disfruta cada segundo
en el que seguimos unidas.
¡Perdónate!
¡Quiérete!
¡Ámate, mujer aguerrida!

Perdóname.
Quiéreme.
¡Ámame alma de mil vidas!
Este largo camino hemos recorrido a la par:
momentos de tristeza también de felicidad.
Por eso ahora y en lo que venga
fortalece tu corazón.
Acéptate tal cual eres
bella desde el interior.

Esta es la verdadera libertad,
cuando te amas a ti mismo
en la abundancia y en la adversidad.
Así, cuando llegue el momento
en que me separe de ti,
cada parte tendrá un fin que cumplir.

Una desde la tierra con la madre se fundirá.
La otra desde el infinito
contempla su otra mitad.
Una lluvia,
la otra, suelo,
en una flor se encontrarán,
siguiendo el ciclo de la vida
que eternamente se repetirá.

No me dejes

Aférrate a mí mientras tengas aliento,
no me abandones,
no dejes tu puerto.
El mar allá se ve embravecido,
la neblina es espesa.
Se perderá el navío.

Aférrate a mí en puerto seguro.
La carga es pesada y el destino inseguro,
pero si me dejas, me perderé
y mi faro, luz no volverá a tener.

Aférrate a mí con sogas potentes.
Agárrate a mi columna
aunque el canto sea fuerte.
Sirena del olvido, eres engañosa.
Si dejo que te la lleves
desaparecerá mi prosa.

Aférrate a mí mientras haya esperanza.
Mientras tenga sueños,
mientras tenga alma.
Quédate conmigo hasta el último latido,
será entonces que tu barco
cambie de puerto
y seré una contigo.

Aférrate a mí
hasta el último aliento.
No quiero perderte,
pues perdiéndote me pierdo.
Me quedaría en un abismo
sin rumbo en mi destino,
sin un pasado, sin un presente,
sin cómo encontrar el camino.

Aférrate a mí
con todas tus fuerzas
aunque el tiempo pase
y envejezcan mis cuerdas
y la madera de mi puerto
se vuelva arrugada y torcida.
No quiero separarme
de los recuerdos de mi vida.

Aférrate a mí,
aunque mi sangre diga lo contrario
y mi código interno
haya puesto al tiempo de adversario.
Seguiré aferrada a ti
con la tenacidad de un corsario.
Reniego perderte, memoria mía,
mi voz, mi presente y mi pasado.

Aférrate a mí,
que yo a ti me apego
entrelazando
mi alma, mente y cuerpo.
Y al más alto faro,

Dueño del mar y del tiempo,
le ruego que no me aleje
del barco de mis recuerdos,
Pues sin él soy poesía sin verso,
baúl de tesoros vacío
abandonado,
con el tiempo olvidado.

Por eso te ruego, Dios mío,
no te lleves mi navío.
Fúndenos en uno solo
antes de levantar anclas.
Antes de que siga el tiempo
reclamando su partida,
que zarpemos los dos a una:
mente y cuerpo en poesía.

Cuarta carta

Papi:

Sé que tengo que ser paciente, ayúdame como le hiciste en el pasado· Te veo y sé que quieres ser fuerte· El recuerdo de la juventud está ahora presente en tu memoria· Sé que en lapsos te frustras cuando caes en cuenta de lo que está pasando· Pero viejo, mi querido viejo, aquí estoy para acompañarte, para charlar contigo del campo, de mecánica, de deportes· Seré lo que tú necesites, un amigo, un hermano, un hijo y un padre·

Estaciones de una memoria

Érase un destello
como sueño que había vivido.
Cual historia contada
perdida en el vacío.

Distantes los rostros
distorsionados en la penumbra.
Ecos que se pierden,
en la distancia se esfuman.
Y allá, a lo lejos miro
buscando aún los recuerdos
que son míos.

Aquella historia narrada
de amor, éxitos y derrotas,
enmarcada de batallas,
coronada de victorias.

Viviendo el tiempo pasado
viendo la vida de ahora.
Recuerdos que son imágenes
de mil cuentos en prosa.

Protagonista de esa historia
la cual llamaron mi vida
y ahora, en el presente
tan lejos, no parece mía.

Me cuentan de los libros
que viví en mi primavera,
mi verano refulgente,
mi otoño incandescente.
Ahora un invierno
que parece incierto.
¿A dónde fui?
¿A dónde he ido?
Sin darme cuenta
mis estaciones he perdido.
Este cuento que narran
no recuerdo que sea mío.
Esta poesía y prosa
solo me sume en un vacío.

Vivir quisiera esos tiempos,
los que dicen que he vivido,
pero mi invierno me ha privado.
Mis recuerdos se mueren de frío.

En destellos voy soñando
y revivo sus historias.
Se acercan, las toco
palpándolas en memoria.
Y como el sol se pone
al finalizar el día,
así me despido
de esa vida que creo era la mía.

Un destello, una memoria,
una vida, mil trayectorias.
Mil experiencias en una barcaza,

en un cuerpo que se ha vuelto
cofre para resguardarlas.

Alma que vive encadenada,
vivencias que fueron alas.
Cuando este invierno termine
la llave abrirá la entrada.
Así se desplegarán,
serán libres de volar.
Lo que fue desde el principio
sin ataduras volverá
y lo que fue mío
será conmigo
recuerdo en la eternidad.

Desde el reflejo

Quisiera recuperarte por completo
pero sé que te perdí;
tu silueta, tu sonrisa
todo ha cambiado en ti.
Aunque tu esencia sigue allí adentro,
prisionera del olvido
en el reflejo de un espejo
el tiempo se ha detenido.

Por más que observas
no logras conocerte.
Aquellos años preciados
siguen latiendo en tu mente.

Es que en tus ojos veo la chispa,
la pasión que la juventud te trajo.
El deseo de seguir viviendo,
de seguir viajando,
de seguir amando.
Ese destello que se niega
a olvidarlo todo
ni por más dulce el recuerdo
ni por más amargo.

Esos surcos que cruzan tu rostro
ya no son reconocidos
y la plata de tu pelo
es algo nuevo y reducido.

La sonrisa es diferente,
aunque algo dice que es tuya.
Es que en tus ojos aún la vez
como esplendorosa joya.

Me ves tan amable
y algo familiar en mí te anima
a contar tus vivencias, amiga mía.
Del amor afable de antaño,
de este que llaman "del bueno"
que aún en sus altas y bajas
se vuelve fuerte y eterno.

De tus travesuras de niña
que te costaron una que otra peseta
y de las veces que lloraste
cuando la vida no era perfecta.

Señora hermosa que me miras
y sacas tiempo de contarme
con tanto afán y emoción
tus anhelos y desaires.

El tiempo ha traicionado tus alas
y el olvido te ha hecho prisionera.
Una cárcel corpórea te encierra,
mas tu alma libre me cuenta
que quisiste viajar el mundo,
que quisiste ser arte,
romper el molde
y no ser copia de nadie.

Que muchas veces fuiste rebelde,
obstinada y otras, petulante
pero también fuiste paciente,
sensible y complaciente.

Fuiste egoísta muchas otras,
pues quisiste dejar huella,
aunque también fuiste callada
llorando en silencio
la pesada encomienda.

Fuiste amor de la poesía,
amante de las historias de romances
llenas de todo género
que abarcan la palabra arte.

Fuiste en un libro la palabra,
en una canción, la poesía,
en su música, lírica,
musa y armonía.

Sentiste a veces que no valías nada
siendo poseedora de grandes valores.
Y es que a veces
 la vida nos trata de esa manera,
nos da amores y también desamores.

Y río cuando te veo reír
y se me escapan las lágrimas contigo
y tus recuerdos son los míos
y contigo también los revivo.
Me apasiona observarte
contándome tu vida.

¡Como brillan tus ojos
al compás de la narrativa!
Mientras con tus manos
ya curtida por los años
van danzando con la poesía.
Aquellas manos
que en un tiempo acariciaron
las teclas de un viejo piano
y tomaron con amor las del amado,
ya son un mapa de vivencias
de aventuras y trabajos.

Y en tu monólogo, amiga mía,
me cuentas de la poesía,
política, guerra, osadías…
de cuando te ofrecías de voluntaria
en cada evento o emergencia que surgía.
Del encuentro
con el que habías dado por muerto.
Del amor del cual huías,
pues temías hacerlo preso.

Cada vez que nos encontramos
me vas narrando tus historias
y, aunque en la neblina del olvido
se van disipando con el tiempo,
aún siguen luchando
por llegar hasta su puerto.

Ahí te espera.
En tu puerto aguarda
como amante del marino

que un día zarpó a alta mar
rogando porque la niebla
no desviara a su navío
para regresar a casa,
al hogar, a su nido.

Amiga de mis historias,
de mis risas y mis congojas.
El tiempo sigue su marcha
de segundos a minutos,
y de minutos a horas.

Los años, unos tras otros
no se detienen, antes se apresuran
a cortarnos el hilo
que sostenían las Moiras.

Y en un silencio menudo
tu rostro se queda perplejo
y la luz de tus ojos
vuelve su brillar intensamente.
La resolución del presente
roza de nuevo tu corteza
y comienzas a mirarme
con detenimiento y rareza.

Acaricias tu rostro
ante el emotivo hallazgo
y las lágrimas se escapan
buscando nido en tu regazo.
Tus labios titubean
en pronunciar las palabras,

pero salen de tu corazón
telepáticamente a mi alma.

"Las lágrimas de tus mejillas
las he visto muchas veces.
Las conozco, parecen mías,
pero es otra su fuente.
Misteriosa dama
que frente a mí se sienta
y que me imitas en sincronía,
pero no compartes mi poesía.
Has sonreído mientras sonrío;
has llorado mientras esta llora
y tu mundo es el espejo,
más mi silueta siento que es otra.
A ese lugar en que estás
creo que tendré que ir.
Mientras tanto dime, bella anciana,
mi reflejo, ¿dónde se ha ido de mí?"

Y perlas por un instante
siguen rodando por tus mejillas
y quisiera consolarte
impotente desde mi silla.

En tus recuerdos
el tiempo se detuvo
quedando mi alma
en este encierro
atrapada en el espejo
un reflejo, solo eso.

En un corto instante de tiempo
vuelves la mirada hacia el frente,
Al reflejo que te encara
le das la bienvenida, sonriente.

Abres tu corazón,
tu baúl de los recuerdos.
Ese libro añejado
y lleno de sentimientos.

Nuevamente en tu prosa y verso
vas narrando las historias de tus luchas
a esta dama que tan complaciente
desde el reflejo pacientemente escucha.

Quinta carta

Mi viejo:

Hoy recordé tantas cosas que experimentamos juntos. ¡Cuánto extraño esos días de pesca! Me enseñaste a ser paciente, pues nos levantábamos temprano y estábamos esperando hasta la tarde para lograr el pez perfecto. Hoy llevé al nene a pescar y debo decirte que se desespera rápido, como yo lo hacía contigo, pero viejo, así como me enseñaste, así lo hago con él. Quiero ser tan grande como lo fuiste conmigo.

Quiero que cuando él tenga sus hijos, me recuerde como te recuerdo yo. ¡Te amo, mi viejo!

Quién quiero ser cuando ya no esté.

Quiero ser una sonrisa
en los labios de aquel que me tenga en su mente;
una caricia suave que recuerde ternura;
una carcajada emotiva
cuando recuerden mis locuras;
un libro escrito contando mil aventuras;
una lágrima llena de felicidad,
un aplauso a la imaginación.

Quiero, cuando ya no esté,
que sea un recuerdo grato
en los que me conocieron.
Haber tocado de manera positiva
las vidas que encontré en el camino.
Que haya sido inspiración de armonía,
que recuerden mi nombre en una melodía.
Que recuerden que el amor lo sana todo,
aún hasta la más desgarradora herida.

Quiero ser susurro suave en el viento,
un paisaje de atardecer en el firmamento,
un arpegio de emociones,
un tornado de canciones,
un trino que repica gracia,
y se une al cantar de las aves.

Quiero ser recuerdo imborrable
de experiencias vividas,
que alegren el alma
y cambien para bien las vidas.

Quiero, cuando ya no esté,
que mi vida no haya sido solo mía
porque mi corazón
fui repartiendo al que conocía.
Y espero que ese pedazo mío siga latiendo,
provocando una sonrisa,
una tierna mirada,
un sinfín de emociones,
amor, alegría y canciones
cuando ya no esté.

Tu legado

Hoy,
visité el cielo
al traerte a mi memoria.
Me llené de consuelo
con tus tiernos besos,
tus abrazos,
tus consejos.

Hoy,
me traje un pedazo tuyo conmigo.
Me visitó la historia,
pues en tertulia interna
recordé tus vivencias
y en cada una de ellas
presente había una moraleja.

Hoy,
me llené de música el alma
cantando como me cantabas.
Bailando con la escoba
mientras entre reguero y reguero
te veía en mí
aseando las alcobas.

Hoy,
revivía tus anécdotas
y tus cursos de herbolaria,

cuando abrí tu libretita
buscando un remedio casero
de esos para la migraña.
Y es que entre recuerdo y recuerdo
las lágrimas no cesaban
y entre llanto y risas
yo misma me consolaba.
Porque entre los recuerdos
de esas vivencias que marcaron mi alma,
allí estaba estampado tu amor
que me hace falta y a la vez me acompaña.

Hoy,
quise honrarte al traerte a mis recuerdos
y fui yo la honrada,
porque entendí
lo mucho que aprendí en tus manos,
lo mucho que me cuidaste
y llevaste por camino sano.
Doy gracias a Dios, al cielo, al universo
porque mi estrella se cruzara contigo
y en su viaje por el infinito
decidiéramos coincidir.
Y todas esas vivencias
que se quedarán en mi memoria,
la del alma infinita
(pues a veces engaña la corpórea)
las seguiré legando
añadiendo a esta vida
la riqueza de la tuya;
aumentando el valor de mi tesoro
aquel que enriquecerá otra historia.

Hoy,
Visité el cielo
al traerte a mi memoria.

Hoy,
fui feliz.

Sexta carta

Amada titi:

Cuando tenga tu edad quiero ser como tú. Tan fuerte y obstinada. Sigues caminando de tu casa al pueblo, al mercado, a la iglesia. Siempre con esa viveza y una sonrisa en el rostro. Parece que siempre vives en primavera. Eres más valiente que yo, y te lanzas a cada reto. Te montas en la montaña rusa cuando yo a mi edad le tengo terror. ¿Sabes tía? Te admiro. Veo que en tus canas disfrutas la vida y quieres sacarle el máximo; veo que, aunque parezca que la vida a veces duela, le buscas lo positivo a todo. Siempre sacas tiempo para tus caminatas en la naturaleza, como dices, para recargar energías. Aprendo tanto de ti. Gracias por existir en mi vida. Quizá no lo diga mucho, pero quiero que sepas, que te amo.

Voluntad

Dentro de todo este caos
trato de encontrarme,
romper las cadenas del miedo,
las velas silentes del deseo.
Cortar las cuerdas que me atan
y me impiden salir a tu encuentro.

Si entendieran que no es mi mundo
este en el cual vivo.
Prestado estuche de barro
que me aprisiona al olvido.
Grande es lo que busco,
lo que llevo en la dimensión, adentro,
lo que ha despertado de su sueño
y lucha con el yo terreno.

Cadenas pesadas que he dejado
por la responsabilidad de los tiempos,
pues, aunque mi alma vuela,
mi cuerpo sigue anclado en tierra.
Quiero liberar estas cadenas
sin dejar mi yo terreno,
abrir mi intelecto
a nuevos descubrimientos.
Que vuele desde mi interior
absorbiendo conocimientos.

Alma que has despertado,
quieres encontrarte
con el conocimiento milenario.
Usa tus propias cadenas
para hacer tu fortaleza,
cada eslabón para tomar altura,
extender tus alas
y remontarte al aire de la aventura.

Has venido a esta vida para aprender.
Abre las alas del conocimiento
sin dejar tu corpóreo ser.
Vive a plenitud,
sueña y realiza,
que en este paso por la vida
dejes tras ti un legado
como estela de un cometa
que esperan con ansias
aunque pasen los años.
Que tu existencia y esencia
sigan perdurando,
Aunque este, tu yo terrenal,
su paso por esta tierra haya culminado.

Mi primavera interna

¡Óyeme!
Que aún tengo las energías para otra corrida.
Aunque me veas con años
sigo joven todavía.

Dale gracias a Dios que estoy fuerte
y aunque soy quizá testaruda
es que todavía me siento viva por dentro.

No menosprecies las canas que están frente a ti;
algún día las verás en el espejo
y en el contorno de ese reflejo
seguirás viéndote joven
con ansias de seguir cumpliendo
los sueños que cada día se renuevan.
Sentirás en ti una primavera
que sigue floreciendo con los años.
Un alma que sigue joven, luchadora,
eterna.

Camina conmigo.
Ríe conmigo.
Baila conmigo.
Comparte la alegría que llevo dentro
porque no sé hasta cuando
me permitan gozarla.
Pero de algo estoy segura:
Aunque los surcos de mi piel se profundicen

y la nieve adorne mi corona,
seguiré buscando mi alma joven,
mi alma luchadora
en una primavera eterna:
mi primavera interna.

Séptima carta

Mi amado:

Miro al pasado y me sorprendo cuán rápido ha transcurrido el tiempo. Aún veo tus ojos y veo el joven de quien me enamoré y quien venía a casa a visitarme mientras mis padres esperaban en la cocina que termináramos de hablar. Recuerdo cuando en mi momento de llanto y frustración, apareciste justo a tiempo. Estaba tan decidida a irme de casa cuando discutí por el estricto carácter de papi y tú me diste un buen consejo: "Pase lo que pase, es tu padre y debes respetarlo". Me consolaste y me hiciste entrar en razón. Ahí supe que eras el amor que me aguardaba la vida para siempre. Hoy, ya van más de sesenta años de cuidarnos, en las buenas y en las malas, en la salud y enfermedad, en la pobreza y en la tristeza, en el tiempo de lucidez y en el tiempo de olvido.

Nuestras canas se han acompañado y nuestras arrugas se han marcado con profundidad. Juntos, unidos en cuerpo y alma hemos transcurrido el viaje en esta montaña rusa llamada vida. Si alguno de los dos se adelanta en la transición al universo, el amor que nos profesamos por años será nuestra fuerza perpetuada en nuestra descendencia. Así, cuando nos reunamos nuevamente, estaremos complacidos por haber cumplido nuestra misión y decisión desde la formación de nuestras almas.

Infinito

Esa palabra que busco
si quiero describir mi sentimiento.

Ese corrientazo que aún siento
cuando sostengo tu mano.

Esa electricidad que recorre mi alma
cuando penetro en tu mirada
y todavía, con el pasar de los años,
ese brillo, esa llama
sigue flameando en tus pupilas.

Conmigo has recorrido esta vida
en sus altas y en sus bajas
y aunque han pasado los años,
sostengo tus manos con las mías
entrelazando sueños y esperanzas.

¡Ay del tiempo tan corto
que este pasaje nos ha dado!
Ha sido breve,
pero ¡qué mucho lo aprovechamos!
Porque no hay un día
que no dé gracias a Dios
por ponerte en mi camino,
porque formamos nuestra familia
bajo su amparo y abrigo.

Porque siempre hubo una oportunidad
Para decir, "Te amo".

Hoy,
cuando las fuerzas han decaído
y en el ocaso de nuestro trayecto
veo nuestro rostro envejecido;
hoy,
que aún en el olvido de lo presente
sostengo tus dedos en mi mano,
viene el recuerdo de tu caricia
en una primavera,
un verano, un otoño.
Tus ojos, se vuelven al firmamento
buscando el llamado a casa;
ese llamado al cual iremos todos
sin importar el tiempo o la distancia.

Ahora,
tu mirada se ha tornado estrellas
y tu risa, sonido del viento.
Veo tus blanquecinos dientes
en las nubes que me sonríen
en una tarde cálida y refrescante.
Ahora te veo y te siento en todo
y ese sentimiento de vivir contigo lo vivido,
de reír lo reído, de hacer realidad lo soñado,
me llena, me consuela, me calma
y siento en mí y en la mirada del universo
ese amor profesado
desde el principio del cosmos,
infinito.

Octava carta

Hola, nene:

Te dejaré esta carta sobre la mesita donde puedas verla, por si luego se me olvida. Le pondré un "Léelo, hijo" bien grande al terminarla. En este momento que soy yo, que recuerdo, que la lucidez de la consciencia me acompaña. Hoy te escribo para decirte que te amo y que perdones a este anciano que te ha dado tantos dolores de cabeza, quizá más que tus propios hijos. Quisiera hacer las cosas que hacía antes. He querido demostrarte que aún puedo. Pero sé que las fuerzas no son las mismas que antes y que si no quieres que haga las cosas es para cuidarme. Es que aún me cuesta mucho aceptar el tiempo transcurrido y el peso de ellos. Ya lo sabes, soy muy testarudo, igual que tú lo eras desde niño.

¡Cómo luchabas para convecerme de que te llevara al equipo de pelota, a los ensayos de la banda o a las reuniones del colegio! Siempre buscabas una manera de ganar mi aceptación y demostrarme que, aunque estuvieras cansado, intentabas con todo tu esfuerzo cumplir para no defraudarme, o no defraudarte a ti mismo. Recuerdo cuando las cosas no te salían y te allegabas a mi sillón para pedir consejo. ¡Cuántas veces lloramos juntos compartiendo las frustraciones o

el amor no correspondido! Te enseñé que el llorar es de humanos, de valientes, porque eres de carne y hueso, porque tienes un corazón que siente y late y no puedes decirle lo contrario. Él no te pide permiso para latir, para amar o para sufrir. Recuerdo que te he visto llorando solito tras la puerta, sí, aunque no te des cuenta, lo he visto. Mi'jo, gracias por todo lo que me has dedicado. No sé cuántas veces te lo he dicho, o si lo he dicho en lo absoluto. Sé que me iré perdiendo en la vela del olvido, y quizá mis ojos no te reconozcan en el futuro.

No te frustres, no te alejes, no te culpes. Quiero que estés conmigo, sentirte, abrazarte hasta mi último aliento porque, aunque no lo diga en ese instante con palabras, mi corazón que palpita, que ama sin yo ordenárselo, te seguirá reconociendo. Te amo.

Llamado al retorno

Un principio,
Una vida
Un legado
Una sonrisa
Una mirada
Una caricia
Una palmada en la espalda
Un recuerdo de lo que fuiste
y lo que eres en esencia.

Un sueño,
Una estela
Una estrella
Un planeta…
¿A dónde te dirigirás ahora?
Quisiera me lo dijeras.
Es que necesito saber hacia dónde mirar
cuando te busque en el cielo,
cuando mi mirada recorra
las estrellas y las constelaciones
y busque en ellas tu sonrisa,
tu mirada, tu recuerdo…

Entonces comprendo
que el infinito que busco
se encuentra aquí adentro
en lo que sembraste,
en lo que inculcaste,

en lo que enseñaste.
Alguien en esta vida me dijo:
"Ellos nunca se van.
La familia siempre está completa".
Y es cierto
Porque, aunque duela,
aunque sienta que no respiro,
aunque mi pecho arda
y llore como recién nacido,
buscaré tu consuelo en mis latidos.
Enjugaré mis lágrimas como lo hacías conmigo
y entonces, solo entonces,
ese llamado de retorno
no se sentirá tan lejano.
No lo veré como un castigo
si no como una ganancia
porque he ganado al conocerte,
al reír contigo, al haberte abrazado,
al haberte escuchado.

Y así,
cuando mi tiempo llegue,
ese llamado al retorno,
el retorno a casa,
al principio,
será ganancia para el que estuvo conmigo,
como yo agradecí
el tiempo que estuve contigo.

"Viejo, mi querido viejo
ahora camina lento
como perdonando el viento.
Yo soy tu sangre, mi viejo,
soy tu silencio y tu tiempo".

Compositores:
José Tcherkaski,
Piero Antonio y
Franco De Benedictis

Nota aclaratoria:

El adjetivo "viejo" es utilizado en mi cultura y en este poemario como una expresión de cariño. La mayoría de estos poemas ya están registrados bajo dos poemarios: Letras de mujer y Mi esencia, que son de la misma autora.

Imágenes utilizadas en poesías son de clip art, Microsoft Word. Fragmento de Mi Viejo autoría de José Tcherkaski, Piero Antonio y Franco De Benedictis.

Indice

Made in the USA
Middletown, DE
01 October 2021